人生小語

獻給母親

——生命中第一個啓蒙人

我相信

——給讀者・代序

我相信夜晚凝視著閃爍的星星許願；
我相信白日裡面對著澎湃的海濤沈思。
人間的許多現象都會幻滅，只有內心裡的眞實是唯一沒有人可以奪取的憑藉。

不要因爲對少數人失望，就對人性失望；
不要在一次愛情裡受傷，就貶低了愛的純潔和高尚。
只有先肯定自己，先建立自己；我們才有能力去愛，也才有資格被愛。

每一個人都會不時陷落在愛的衝突和情的困擾矛盾之中——不管我們所關懷寄情的對象是個人，是家庭，是社會，是國家，或是整個的人類。

可是，每當我們陷落在愛的痛苦之中的時候，不要忘記同情別人和原諒別人，並且努力爲愛心和人性保留一份優美的原樣。

我相信夜晚凝視著閃爍的星星許願；

我相信白日裡面對著澎湃的海濤沈思。

人間的許多現象都會幻滅，只有內心裡的眞實是唯一沒有人可以奪取的憑藉。

一

每一刻瞬息的眞實都是永恆的。

（愛過，正好像被愛過一樣，當初的幸福並不是往後的塵埃所能侵蝕的。）

二

「人是理性的動物」。

人也是——而且更該是——有情的動物。

只有在熱情的輝映之下，人的理智才有價值可言。

三

沒有個體的物理存在，也就沒有個別的生命形式。

可是生命的光輝卻不在物理現實的成就。

四

我們是藉著有形的軀體，展現性靈的光彩。

五

我們只是一根根的蠟燭，要緊的是點燃出來的光。

六

個體的生命只是宇宙間的小點，可是它所點燃出來的光芒啊！

七

只要自己發亮，不愁這世界沒有光。

八

人生的悲劇在於性靈飛揚天上，肉體困居人

每一刻
瞬息的
真實都是
永恆的。

（愛過，心好像被
愛過一樣，當初的
幸福並不是往後的塵埃
所能侵蝕的）。

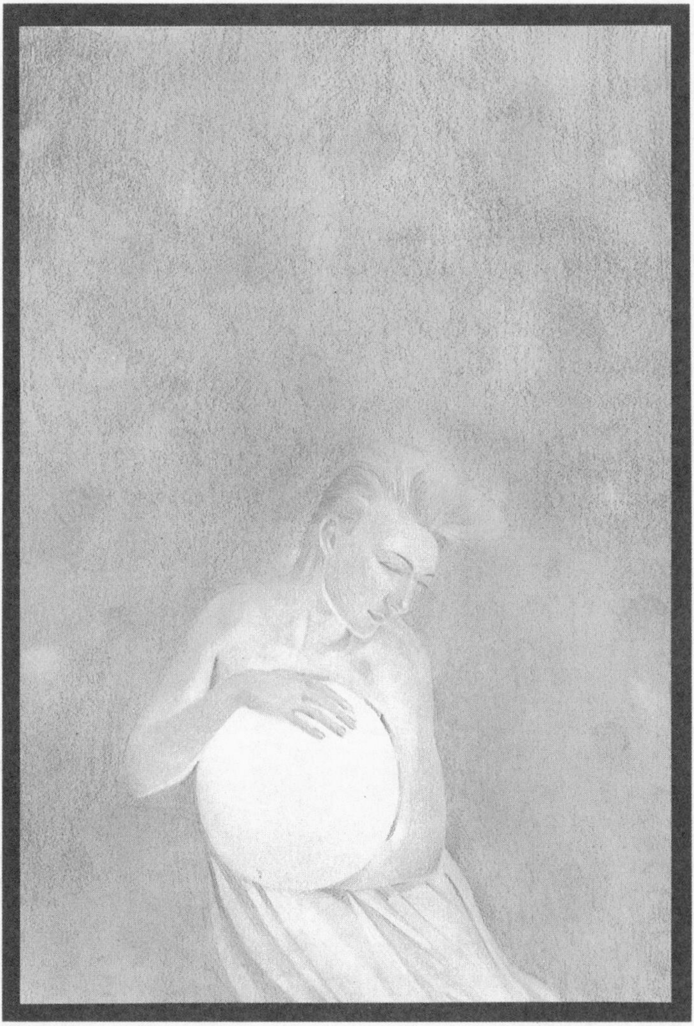

間。

九

人們往往寧可追尋客觀的幻影，也不一顧主觀的眞實。

一〇

我們喜愛假想的客觀所帶來的齊一性，而不知接納主觀界域裡所蘊藏的豐富性。

一一

多少人拼命角逐外在的複雜錯綜，而遺忘了內心裡豐富的生命內容。

一二

建立自己端賴內在的蘊藏和肯定。

只有內心裡的眞實是唯一不可能被打敗，不會被奪取，不致因機緣、命運、環境等偶發因素而幻滅的最後根據。那是一種「私有的必然」。（有些人連身體與生命都可能被霸取，可是他的心意與信念卻不可能被強奪。這裡「不可能」的反面涵藏著一種「必然」。）

一三

人活著，最後實在只是爲了一份情懷，一點趣味；不是爲了肉體的感受和外物的充實。

一四

自私是把自己看成是唯一的主體，別人全是對象——和宇宙其他萬物無異。

自私的人並不是個個人主義者，他是個唯我獨尊的人。

一五

如果今晚自然律改變了，具有人性者保留人形，充滿獸性者還他以獸身；那麼明天一早醒來，固然還有滿街的人影，可是也有多少禽獸披著華貴的衣裳，多少動物從高樓大廈裡步走出來。

一六

一個人有特點，並不表示他有個性。每一個人都有特點，但卻只有少數人有個性。

一七

有時你的確很有理由對人憤怒，有時你也實在很有道理感到驕傲，引爲自豪。

那時你若非如此，反而看低了你自己。

一八

並不是會呼吸就算活著，並不是會動作就算活著。

一九

人沒有性靈也可以活下去——活得像動物像禽獸一樣。

二〇

當一個痛苦的人，或是一隻快樂的禽獸？（有時人必須在這兩極之間，做一抉擇。）

二一

靈魂的深度往往和生活的舒適成反比。

二二

沒有痛苦的人不懂得人生。

二三

只要有一點美好的心願，足以撐起全宇宙的重壓。

二四

美是一種無私心但卻有情意的感受。

（愛也應該如此。）

二五

不論有沒有美好的心靈，人人可以披上華麗的衣裳，因爲它是到處可得的商品。

可是有誰理會那不是可以隨手購取，需要盡力栽植，苦心孕育的靈魂？

二六

世上人間那些優美的、有價值、有意義的，總是那麼不易獲得。相反地，那輕而易舉、俯拾皆是的，又盡是些糟粕廢物而已。（也幸好如此。因爲你可曾想過，那該是多麼可怕的事：如果美好的竟可以隨口喚取，搖身一變！）

二七

一個有趣味的人，就像一個成熟的果實，遠遠令人聞出一股芳香。沒有情趣的人，好比生硬的果，也許綠得發亮，可是缺少那一襲清香。

二八

人生的情趣雖然可以培養，但卻無法抄襲，無法奪取，無法裝作，無法模仿。只有在心靈深處有了一湖盈滿的泉水，人生的趣味才能自然流露出來。

二九

枯乾的心湖，何來美妙的泉聲？

三〇

堅果需要利刀，剖取包藏在它硬殼裡的芳香。一個表面看似無趣的人，只有在會心的知己之前，才完全發放出心靈的光亮。

三一

有些人的生命意義是自發、自存、自足的。有些人的人生價值是依靠外求，仰賴他人來充滿的——他人的歌頌，他人的掌聲，他人的供給。因此，有的人孤單而不寂寞，寂寞而不空虛。有的人孤單就是寂寞，寂寞就是空虛。

三二

眞正的人都是孤單的人。

三三

我們可以把花朵、沙粒、明月、星星……全都看成是有情的。我們也可以連人類都當著是無意的。

如果只有兩者可選，我寧可採取前者。

三四

如果「我外心靈」無法證明，我們需要的是一份價值上的肯定。

三五

當我們批評別人的時候，同時也照出了自己的影子。

三六

汚穢的心靈不配思想美好高尚的事物。

三七

海港裡有隻小船，它的檣桿特別的高，看似頭重足輕，一吹即覆。可是它卻在海上飄搖自如。世間的偉大與優美，往往也在於類似的「危機中的穩定」和「驚險裡的平安」。看似過分，但卻合理；看似傾倒，但卻成立——令人訝異的驚喜。

三八

從大自然的懷抱裡歸來，人們的臉孔看起來也顯得純潔優美了。

三九

初夏的雨洗過，山也明媚了，樹也青綠了，連在地上的爬蟲都變得一身乾淨起來。可是什麼是那初夏的雨，可以用來洗淨人們的心靈？

四〇

凝視著小池中遙遊的魚，牠們有牠們的世界。

四一

你可曾抬頭遙望星空裡的交閃爭輝，聚神聆聽過午夜原野裡豐富的細響？

當我們
批评别人的时候，同时也
照出自己的
影子。

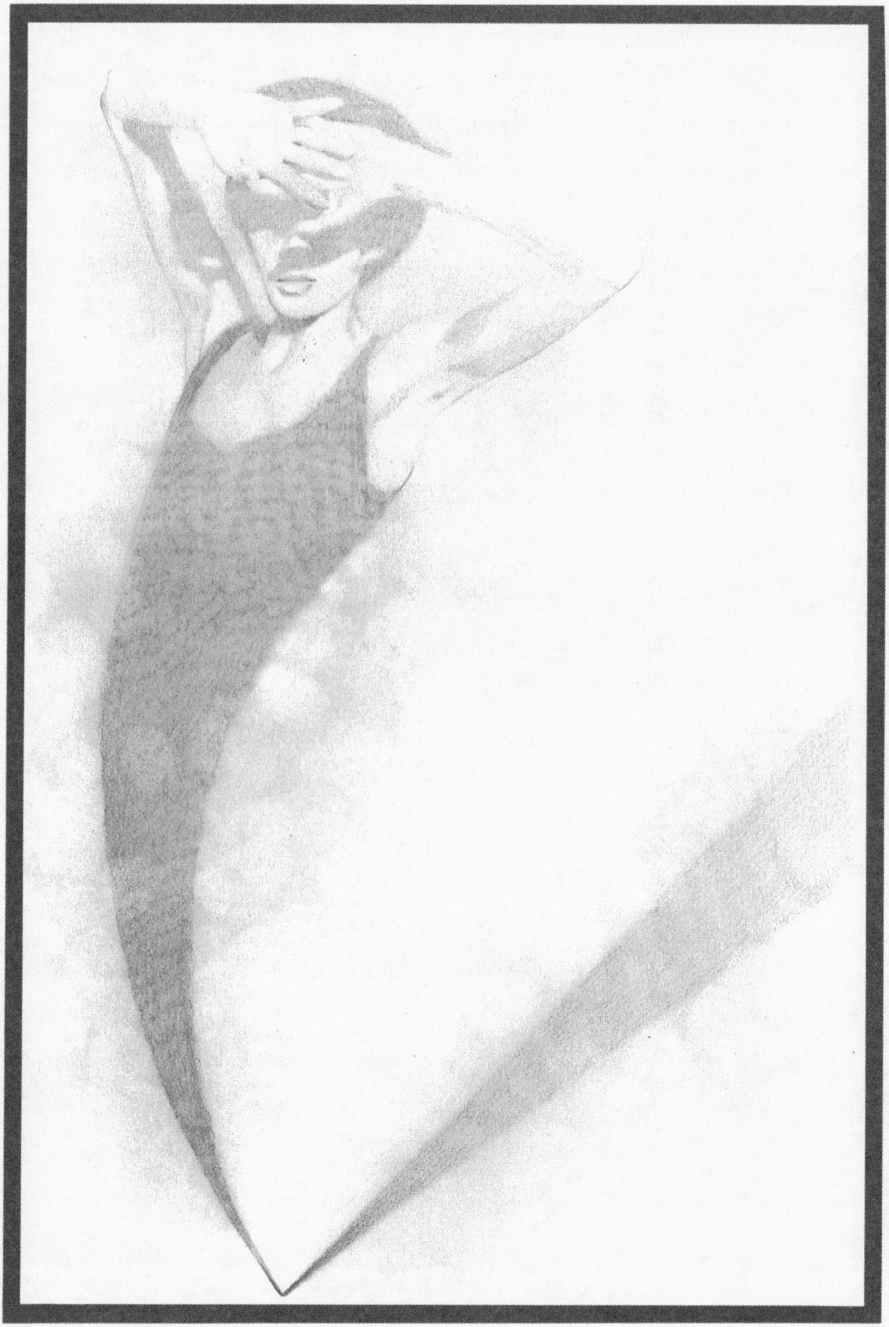

四二

一個內涵豐富的人就像那奇山秀水似的，默然無語。

四三

人生的精彩和優美，往往像偶然間瞥見的月出奇景，令人訝異，令人神往，令人迷醉，令人驚心。可是，也像那自然的奇景似的，常常在剎那瞬息之間，改換了另一個面貌。

四四

我沒有半顆寶石，只有滿天的星星。

四五

當我們的性靈純淨，高超如天使，我們可以摘取天上的星星，當做友愛的禮物。

四六

一團污水裡，沒有星星的影子。

四七

向著高處展望，不要斤斤計較同類的自私和愚昧。否則，我們的精力也浪費在無端的小事裡。

四八

要思想深刻，只有努力往高處設想；要性靈優美，只有不斷往高處超升。

四九

眞理的追求像是登高似的，踏上一峯，眼前才呈現再上一峯的路。

至於遙遠的眺望所浮現的情懷，只不過抒發一點雄心壯志而已。

五〇

患了心理懼高症的人，不堪站到高塔頂處。

可是，我們可曾注意到思想的懼高症和性靈的懼高症？

五一

心理上怕高的人喜歡地上，不愛高空。

可是，在我們這個時代，正有許多人在思想上和性靈上，也不停地將自己拉到地面，才具有安全感。

五二

内在的追求和自我的肯定，這是現代人最缺乏的一面。

五三

（一團污水裡，沒有星星的影子。）
可是一潭波浪裡，也只有星星的浮光掠影而已。

五四

眞理沒有語言，事實不會作聲。
沒有判斷的活動，就談不上事實；沒有認知的能力，就說不上眞理。

五五

眞理需要人類的見證。

真理沒有語言，
事實不會作氣。

沒有判斷的活動，就談不上事實；
沒有認知的能力，就說不上真理。

五六

說眞話本來是一件最平常最微不足道的事。可是在危險的緊要關頭，仍舊能毅然道出眞理而不畏縮，卻需要一份超人的勇氣。

（我們的耳邊常常盡是一些亂蟲的雜聲，沒有那劃破長空的絕響。）

五七

道說眞理也許需要講究技巧，可是服膺眞理卻不可以沒有勇氣。

五八

忠言多逆耳，眞理易傷情。

五九

只道說一半眞理的人，往往比撒謊更有罪。

六〇

我們可以因爲說出眞理，向受傷的人致慰，卻不可以因爲說了眞話感到歉疚。

六一

我們不能爲自己的誠實請罪，這無異向自己求饒。

世界上沒有一個人有資格寬恕自己。

六二

（世界上沒有一個人有資格寬恕自己。）

可是我們之間誰無罪過？這就是我們努力尋找神靈的緣由。

六三

當我們有資格寬恕自己的時候，我們已經離開神性不遠了。

六四

在我們的靈魂深處，充滿著矛盾與掙扎。因爲當我們的眼睛向上遙望著蒼天的時候，我們的雙脚仍然站落在地面上。誰能看出這種矛盾和掙扎的必然性，瞭解它，超越它，而不受它所擺佈，誰就走近了超人之門。

六五

是不是有一天，我們的雙脚可以不再污染著地上的塵埃呢？——那不是人，那是神靈。有些人就是努力著，要使自己變成神靈。

六六

在這世界上，有些人背負著人類的十字架；另外有些人卻沾盡了自己同類的光。

六七

每一個人生都是生命的榜樣——只是到底是個好榜樣，是個壞榜樣，或是個可有可無，無關緊要的榜樣。

六八

我們被投落到這個世界，但必須自己親身去努力成全自己的人生。

六九

每一個人都應該認眞地在有生之年，活出一個優美的人生榜樣來。

七〇

人可以降低自己去活，也可以提高自己去活。人可以活得像禽獸，也可以活得像神靈。（我們要怎麼活，這是生命的最大抉擇。）

七一

當我們閉上眼睛，就看不到物理世界的美好；當我們把性靈的窗關閉，怎能領略價值層面的光輝？（人可以提升自己來活，也可以降低自己去活；人可以追從性靈的光，也可以對它裝聾作啞。）

七二

一隻小舟拖著龐大的船舶在港中走過，我喜愛它。

如果是一艘大船拖著那葉扁舟，也就沒有那麼動人。

七三

漆黑的夜，若沒有那些孤寂的燈，我們就要迷失方向。

然而，什麼是我們心靈的燈，引導我們在人生的黑夜，走向純潔，走向平安，走向幸福，走向神聖？

七四

只是知識和能力是不夠的，還要有一份關心、熱情和正義感。

七五

我們熱愛生命，關懷生靈，不只是因爲我與他人有過遭遇，起了私情。人是因爲體認到自己生命的本質，領略了自己與他人的命運之息息相關，於是眞誠地去迎接自己的責任，立心成全自己，也立志成全他人。

七六

如果我們看見天下其他的父母，沒像我們這樣善待子女，我們是否覺得自己吃虧？如果我們看見其他的教師，沒有像我們這樣愛護學生，我們是否覺得這世界太不公平？如果我們看見其他的人，沒有像我們這樣對世人懷著一片關心，難道我們就覺得太虧待了自己？

七七

現在我們都問社會能夠給我們什麼，很少過問我們能給社會什麼。

七八

責任常常是由對自己的能力、信念和胸懷的體認中產生出來的。有能力的人、對於這個世界寄與一片希望的人、對人類存有一片愛心的人，自然地生發一份責任感和使命感。

七九

（有些人背負著人類的十字架，另外有些人卻沾盡了自己同類的光。）對這個世界愈生熱情，愈知自己盡職；對生命人生愈存愛心，愈不要求待遇公平。

八〇

世界上沒有絕對的公平，我們只能盡心盡力而已。

八一

（沒有痛苦的人不懂得人生。）深懂人生之後，也就超越了痛苦。

八二

超越了痛苦的人，不就是個只有快樂而無苦惱的人嗎？——可是，世界上有沒有徹底了悟人生的人？

八三

沒有人只有快樂而沒有痛苦，也沒有人只有痛苦而沒有快樂。

只是人間的快樂往往失之交臂，而痛苦卻迴盪不已。

八四

眞正的痛苦是心靈的痛苦，眞正的快樂也是心靈的快樂。

八五

人生實際和潛在的快樂與痛苦是個奇妙互補的常數。

經歷遍了痛苦，快樂就躍躍欲出；快樂盈滿了，痛苦也就跟著到來。

八六

正好像爬得愈高，跌落得愈痛；享有愈大的快樂的人，痛苦起來也愈深。

（相反地，經歷過愈深的痛苦，所得的快樂也愈大。）

八七

有時我們生活得極不快樂，但不要讓它感染我們的生命情調，更不要令它侵襲我們的人生觀。

八八

悲觀或許不算美德，但是消極一定是種罪惡。

八九

或大或小，或深或淺，我們總應該在這世上留下一點優美的痕跡。不然的話，我們活過與未曾活過，有何區別？

九〇

世界上不能每一個人都成名，但卻可以每一個人都成功。

（成名不一定是成功，如果是空盜虛名的話。）

九一

即使我們所感受到的，以往的智者都感受過；即使我們說得出的，先前的聖賢都曾經說過；即使我們所要從事的，其他的有情有意之士都從事過；難道這就表示我們的感覺不再眞實，表示我們的言辭不再深刻，表示我們的行爲不再有意義嗎？

人類的內在追求往往在於不斷的重新發現，重新肯定和重新發揚——這是通過一個人自己的努力才能完成實現的。

九二

做工容或有假期，然而生命卻沒有週末。

九三

並非忙碌就算有意義，也並非流血流汗就一定有價值。

九四

法律往往在黑夜裡長眠，那時正是道德初醒的時刻。

（外在的規範永遠不能取代內存的良心。）

九五

不相信道德，不相信良心的人，莫非想藉此掩護自己的罪行？

九六

有些人在一起共同發亮，有些人在一起互相損傷了光芒。

九七

當我們跟他在一起的時候，自然地流露出人性中的純良，那是善者；當我們跟他在一起的時候，不由自主地掏出人性中的邪惡，那是惡人。

九八

擅於導人從善的政治，仁政也。
專門惹起人們爲惡的政治，惡政也。
（在經驗的層次上，人性是政治的產物。）

九九

有時面對著謎也似的人物，有人對他冷語譏

諷，有人卻對他含淚感動。

也許兩者都解不開謎底，但卻反映出旁觀者的心性和品格。

（生性狡詐者多猜忌；心地善良的人，見到世上一片光。）

（當我們批評別人的時候，同時也照出了自己的影子。）

一〇〇

有些人眞正偉大，有些人使用語言把自己說成偉大；另外還有人運用幻想將自己塗抹成偉大的模樣。

一〇一

眞正偉大的人，常常自覺到自己的渺小；時時忘不了自己偉大的人，沒有看清自己空洞的內容。

一〇二

愈有自信的人，愈能承認他人的長處；愈有信心的人，愈能欣賞別人的偉大。

一〇三

那些心底空虛的人，常常以貶低別人企圖抬高自己。

一〇四

人類發明了種種建構化的東西，有的反過來窒息人類的創造和發明。

一〇五

人類可貴的成就，常常不在建構化的制度裡產生；雖然有些建構化的制度，是人類難能可貴的成就。

一〇六

銅像也會在歲月和風雨裡蝕落，只有那留存內心的紀念，永遠長青。

一〇七

爲人師者一生中最大的失敗，就是沒有培育出超越他的學生。

一〇八

（我沒有半顆寶石，只有滿天的星星。）

我沒有至上的權威，只有滿懷的眞理。

一〇九

我們以改善營養、運動鍛鍊，來加強身體的健康；

可是，我們可曾努力使用什麼方法，去增進心靈的健全與美好？

一一〇

以往人們努力修養自己，冀求與禽獸有別；而今，我們還得進一步發揮創造能力，避免淪爲高等機械。

（我們不願淪爲動物，但也不可只流爲電腦。）

一一一

有人愈活愈跟動物有別，有人愈過愈和禽獸沒有兩樣。

一一二

銅像也會在
歲月和
風雨裡
銷蝕，只有那
留存
內心的
紀念，永遠
長青。

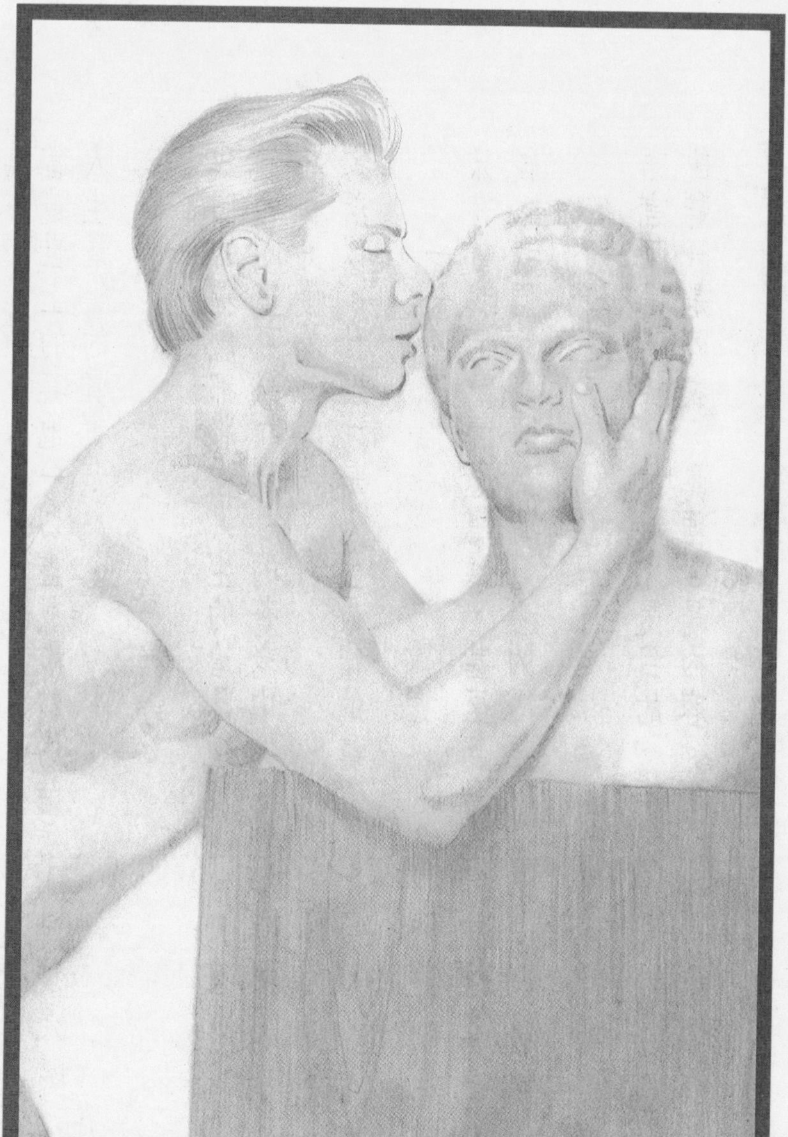

當這世上的其他一切盡成虛幻的時候，什麼是人生最後的眞實？

一一三

我們的軀體都將在人生的滄桑裡衰老，只有我們的心靈可以在歲月的蒼老中，不斷變得更青壯和更優美。

（所以，什麼才是人生最後的眞實？）

一一四

只有當我們認眞思想過，甚至苦思不得其解之後，我們才領略到智慧者的心語。

一一五

語言只是階梯，意義才是目的。

說辭只是外衣，眞理才是內容。

一一六

階梯何益，對於飛鳥而言。

一一七

知音之間，在至高的寧靜中，心照不宣——
一切的言談都是累贅多餘的。

一一八

那些深懂你話的人，你不必對他開口；
那些聽不懂的，你說了也沒有用處。

一一九

說盡天下百般道理，不如會心微笑。

一二〇

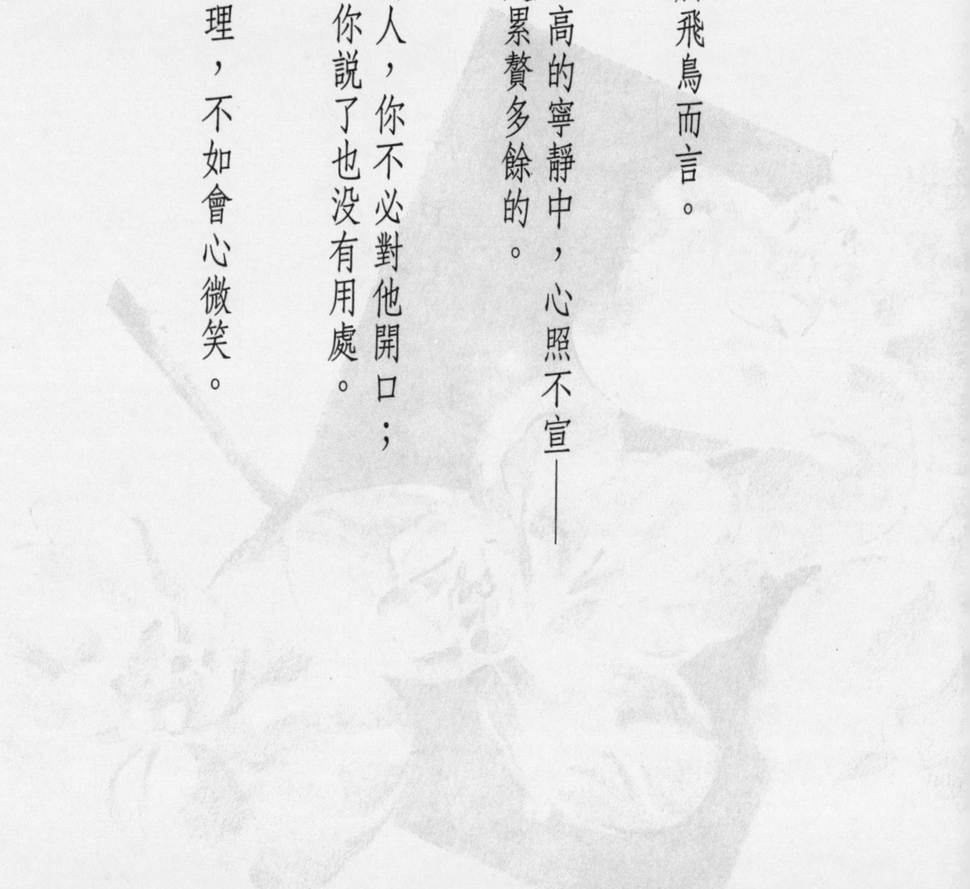

那些深懂你话的人，
你不必对他開口；
那些聽不懂的，
你说了也沒有用處。

語言的產品容易被當成廉價的商品出售——尤其是那些代表原創思想和眞摯情懷的文字，有多少人眞正去細心領會它的意涵。

一二一

比如有一瓶陳酒，一掀開蓋子，味道就走了樣。我們怎能將它的味道告訴別人？也許有人要用種種形容，讓人體會，有如親嘗了那滋味；也許有人索性打開瓶蓋，讓大家聞一聞走了樣的味道。

我們到底應該怎麼辦——因爲我們可曾懷疑過，人生的眞理會不會是這樣的一瓶陳酒？

一二二

得道者不言，但他並非無語。

一二三

得道者寡言，但非喬裝不語者，就算得道。
（兩者的分際幾希——全看是否出於純眞自然的流露而已。）

一二四

深入道者寡言，淺嘗道者多語，而那些未曾見道的人啊——喋喋不休！

一二五

得道者方知離道遠矣。

一二六

論禪者多用言語，但是多語者離禪遠矣！

一二七

人生最高的眞理在於不白自曉，白而不曉，曉則自白。

一二八

情懷絶妙之處，人間哪有言語？

一二九

上帝没有語言，神性全憑我們在人性裡加以發揚。

一三〇

對於無知者，空白就是虛無；
對於略知者，空白包容著可能性；
可是對於大智大慧的人，空白蘊藏著無窮無盡的內容。

（三者也許同時無言不語，可是他們境界的高下啊——怎可交相比擬，同日而語！）

一三一

性靈情懷應該自由奔放，用字遣詞應該謹愼保守。否則絕妙流於庸俗，新奇淪爲陳腐。

一三二

禮貌正好像文字一樣，當它已成了習以爲常的事，我們不妨善加遵從。文字正好像禮貌一樣，當它業已腐朽得不堪負荷我們的情意時，我們應該勇於破格，認眞加以改善。（道德也是如此。）

一三三

爲學是充實生命的路，學問不是炫耀自己的衣裳。

（我們要能沈住氣讀書，它是自我建立的歷程。不是今天拾取一點人家的牙慧，明日就急於將它翻炒出來。）

一三四

經書不是人生的樣版，它只是生命的注脚而已。

一三五

即使人生的智慧是一把可見的火炬，也需要我們一代一代將它傳遞下去。

（何況智慧是種不可眼見的光。）

一三六

在爲學上，誠實是體認到自己所能新創的細微，從而產生不狂妄自大的心態，不任意破壞與攻訐。

在人生中，眞誠在於領會到自己可能成就的有限，由此生發如履薄冰的心情，尊重別人，勉勵自己。

（無論是學問，或是人生的智慧，絕大多數的努力僅足以守成。偶爾或有些微增長和絲毫突破，也就成了額外的興奮和喜悅。）

一三七

智慧是一種成熟的穩重，而不是一份老邁的懶散。

一三八

語言好像一座冰山似的，在可見的高峯底下，深藏著更遠更巨大的內容。

一三九

當我們言說的時候，我們假定別人已經瞭解了許多我們未曾說出的話。（這是文字傳意的詭異，也是人類心靈結構的奇蹟。）

一四〇

你要說的話。如果沒有一個人聽得懂，那麼你就不必開口。可是，你如果想要把它說得令全世界的人都能領會，那麼那樣的話說出來也沒有用處。

一四一

要證明甲，我們需要訴諸乙，
要證明乙，我們需要訴諸丙，
要證明丙，我們需要訴諸丁……。

一四二

我們無法對每一個命題都加以證明。
(可是，這並不表示，有某一個特定的命題，
無論如何我們都無法對它加以證明。)

一四三

在知識系統之中，總有一些命題是沒有證明
的。
在人生裡頭，總有一些信念是不待證明加以肯
定的。

一四四

如果我們一定不可避免循環論證，那麼大循環比小循環算是更良性的循環。倘若我們的證明必然會落入無窮後退的陷阱，我們寧可在適當的要點上採取直覺的認定和高超的主張。

一四五

教育是一種操練和演習——在我們這個無法操練和演習的人生歷程之中。（教育是人生的蜜月——學校教育特別如此。）

一四六

眞正的知識分子都是走在時代前面的人。眞正的讀書人都是早生百年的人。

一四七

知識分子是早生百年的人，但是他們卻不是生錯時代的人。

一四八

感喟自己生早了年代的人，往往是有心之士。苦嘆自己晚生後來的人，常常是些貪圖之流。

一四九

知識分子的悲劇往往涵藏著人類歷史的希望。

一五〇

愛是一顆無私的心。因此它能長遠，它能深厚，它能歷久長青。

一五一

愛在於成全，不在於奪取；

它在於奉獻，在於犧牲。

一五二

在給與之間得到，在犧牲之中成全——這是真正的愛。

（不論是母愛、友愛或是戀情，都是如此。）

一五三

愛涵蘊著割愛。

因此，不懂得割愛也就不懂得愛。

一五四

懂得割愛的人，深知愛的眞義。

一五五

如果人生有最高的道德的話，那一定是愛

——和割愛。

（沒有割愛，也就沒有愛。）

一五六

生命四德：眞、善、美、愛。

一五七

最眞實最深摯的愛心，就是最崇高最優美的道德心。

一五八

人生的欲望常常與道德背道而馳，只有在眞愛的追求上，人的欲望與至高的道德，不約而同，兩者合一。

（愛涵蘊著割愛，沒有割愛也就沒有愛。）

一五九

當一個人停止愛的時候，他的生命所剩多少？

一六〇

心是一條能受振盪的絃。情決定我們到底受什麼所振盪。（這就是我們爲什麼要注意情懷，講究情意，和提倡情育的緣故。）

一六一

不能受愛所振盪的，不是一顆人類的心。

一六二

愛必須有開闊的心胸，才不致走進自私的窄門，進而步入恨的絕境。

一六三

愛情容納不了強求。

一六四

愛的高峯是重重迷霧的山巒，遠看只是一片幻象的幽美。

我們必須走近它，才發現它的眞象，也才考驗我們的認識、眞情、毅力和勇氣。

一六五

愛的圓缺不能由結局的美滿與否加以判定。

兩情之結合固然是愛的圓滿，可是強求形體的圓滿，反而導致愛的喪失與破滅。

（這時，情的美滿必須推展到更高的層次去觀看。這就是爲什麼凄苦的情，反而是眞正的情；悲傷的意，最是深刻的意。）

一六六

愛情往往在佔有之間毀滅，在犧牲之中成全。

一六七

養育過兒女的人，容易領會到愛的深意。
（可是，我們熱情戀愛時，往往是在生兒育女之前。）

一六八

如果你像愛嬰兒樣地愛他人，被愛的將是世界上最幸福的人。
可是你如果只寄望別人像愛嬰兒樣的愛你，那麼你是個自私而不懂得愛的意義的人。
（嬰兒不懂得愛的意義。）

一六九

注視過初生的嬰兒在你的懷裡任情任性地微笑、哭泣、吵鬧、甜睡的人，也就懂得愛的眞義。

一七〇

「即使世上的人都對你失望，我仍然對你存著無限信心，即使世上的人全都背叛你，我也要全心愛你和支持你。」
這是愛心的誓語。

一七一

眞情追求愛，就不要怕傷了心。
只爲了求滿足，不如遠離愛。

一七二

傷心算是什麼，只要是眞愛。
滿足又有什麼，如果愛已消失。

一七三

愛——和割愛的快樂，是眞正的快樂。

一七四

朦朧的煙雨，最是沈醉在戀情裡的人的心情。他欣喜而又愁悵，他因獲得而有一份懶散的滿足，可是又不知所得到的是不是一份眞正的幸福。

（如果你已經沒有了這份愁悵，那爲什麼還喜愛這朦朧的煙雨？莫非是要與天下的情人，分享這份天長地久的心情。）

一七五

可貴的是有一天我們已經奄奄一息，但是依舊一顆熱烈無比的愛心。

一七六

幸福是不論你從別人那兒遭逢多少冰霜，心裡知道他將永遠給你一份無比溫暖的熱情。

一七七

幸福是他永遠不會背叛你。

幸福是你確知他永遠不令你失望。

一七八

有時全心的愛像是受了重創一樣——令人一病不起。

（這就是爲什麼失戀的痛苦是種生命的痛苦。）

一七九

眞正的戀愛像是害病一樣，不只是膚淺的感官上的事。

(懷孕生子和構思創作也是一樣。)

一八〇

愛是一顆沒有設防的心。

(因此它受感動，因此它遭刺傷。)

一八一

爲人消瘦過，還能不相信這份深情？

一八二

含淚的情經常深過笑裡的意，傷心的愛最是眞情的愛。

一八三

快樂和滿足往往是我們所期望的愛的產物，但它經常也是情的致命傷。

一八四

在情上，我們只能自己成全自己，並且對別人的成全感到喜悅、滿足、甚至感激；我們無法勉強造就別人。

一八五

有時我們希望一份深情眞摯的愛，不隨著時光消逝而付諸流水。可是我們只能寄望，只能等待。

（愛情容納不了強求。）

一八六

愛是一顆
沒有设防的
心。
（因此它受感動，
因此它遭刺傷。）

心在愛裡受傷的時候，只有內在的醫療，沒有外在的修補。
（失戀的痛苦不能以另一個愛情來補償。解決了失戀的痛苦之後，另一次的情才可望成爲眞正的愛。）

一八七

愛情不會破滅，它只是飄遠了。
（每一刻瞬息的眞實都是永恆的。）

一八八

有時甚至不是因爲對方的品格或愛你的程度，而是你自己已經投入那麼深和奉獻了那麼多。

一八九

（「人因誤解而結合，卻因瞭解而分開。」）

莫非是因爲許多人充滿著看似瞭解的誤會，以及懷著建立在誤會上的瞭解？

一九〇

個人的情懷只是微風撩起的輕痕，終久要平靜消失。

(可是我們爲什麼還止不住內心的傷痛——莫非是我們跌落得太深的緣故？)

一九一

一切終久只是一份情懷而已，其他什麼也沒有留住。

一九二

傷感的情懷像那無語的海水，沈默的遠山。

一九三

已經凋謝的花朵，只有任它入土爲泥；
飄零了的情，也只有將它託諸流水，交付遠山。

一九四

時光的泥土掩埋了昨日那愛的花瓣，可是記憶的海洋卻留下一絲絲傷心的輕痕。

一九五

不怕這個世界上所有的人都與你爲敵，只怕你所愛的人背叛你。

一九六

有些人不待許諾，就能天長地久；
有些人即使山盟海誓，也盡付諸闕如。

一九七

（有時我們活得極不快樂，但是不要讓它感染我們的生命情調，更不要令它侵襲我們的人生觀。）

當我們傷心的時刻，特別需要那莊敬的人生觀，遣除悲懷，安排心情。

一九八

表面的姣好，經常掩蓋了內在的優美。

一九九

外貌娟美的女子，最要當心愛總是在她的外表上停落和溜走。

二〇〇

在愛情之中，我們可以讓人失望一次，但不要

不怕这個世界上所有的人
都與你為敵，
只怕你所愛的人
背叛你。

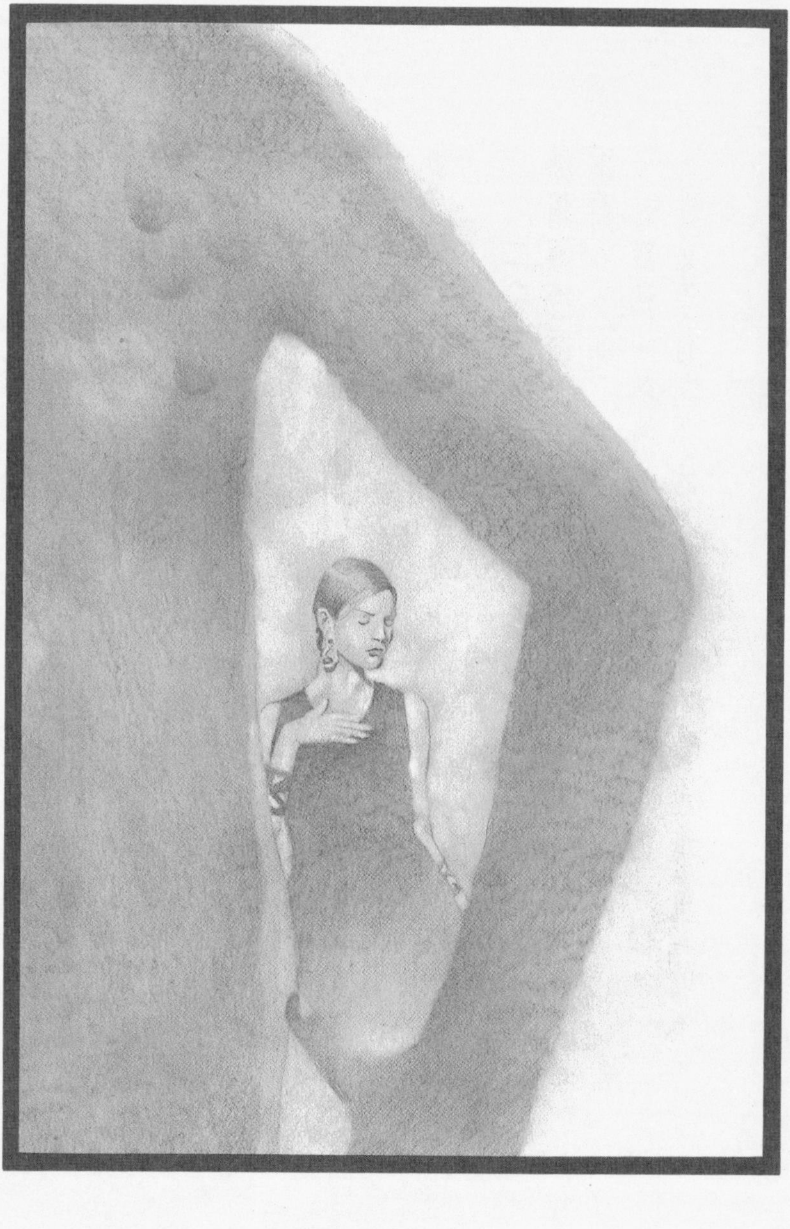

令他痛苦一生。

二〇一

微風無需言語，令人周身涼爽；
愛情不必作聲，令人感到一片溫暖。

二〇二

如果湖中沒有漪漣，如果海上沒有風浪？
倘若生命沒有情的苦，倘若人生沒有意的掙扎?!

二〇三

熱情與冷酷，愛與恨，有時連鎖而生，一物之兩面。
只有無私的熱情，才不致演成殘忍的冷酷。
(愛必須有開闊的心胸，才不會走進自私的窄門，進而步入恨的絕境。）

二〇四

歷久永恆的熱情要細細燃燒，像是涓涓的小泉。不要像火山爆發、山洪壞堤一樣。

二〇五

激情並不就是愛，追求肉體的結合並不就是愛。

至眞的愛存在於一種平靜的喜悅和持久的多情——那時往往連說一聲、道一語都是多餘的，都破壞了原有的和諧和美滿。

（然而，我們畢竟是雙腳站在泥土上的生靈，因此我們常常不得不出以微笑，付諸眼神。）

二〇六

在至高的層次上，空靈、絕美與至愛交手合一——絕對的空靈，完全的優美和至眞至情的愛。

二〇七

爲學像戀愛一樣，必須用全部的生命去從事；戀愛像爲學一樣，如果只是淺淺品嘗，它已經降格終止。

二〇八

理性加諸我們的難關，我們利用對生命的熱情去跨越它。（這裡顯示了我們熱愛生命和信誓人生的程度。）

二〇九

人生的理想無法證明，生命裡的愛心不待證明。

二一〇

在這個世界上，我們如果每天都活得輕輕鬆鬆，愉愉快快；那麼我們不是沒有感覺，就是沒有知識；不然的話，就是沒有良心。
（靈魂的深度和生活的舒適成反比。）

二一一

愛是一顆善良不忍的心。

二一二

愛使人心善，愛令人有溫情。

二一三

愛可以改變世界，愛可以改變人生。

二一四

愛心並不盲目，盲目的是陷落在戀情之中不知如何自處的人。

二一五

使人心善的愛是眞愛，使人心狠的愛是假的愛。

（假借愛之名而已。）

二一六

只是情的躍動和奔放不算是愛，雖然在愛裡時有情的躍動和奔放。

二一七

沒有溫情就沒有愛，沒有關懷就沒有愛，沒有生命的理想和價值的執著也就沒有愛。

二一八

有個人與個人之間的愛，也有個人對團體的愛。

但卻沒有集體對集體的愛。

二一九

只有同類之間的愛，沒有階級之分的愛。（階級間的利害相投，並不是階級的愛——仇恨也是如此。）

二二〇

在婚前，只是關懷不算是愛。

在婚後，有關懷就有愛。

二二一

在婚前，只是同情瞭解不算是愛。
在婚後，有同情瞭解就有愛。

二二二

在婚前，只是情語綿綿不算是愛。
在婚後，有綿綿情語就有愛。

二二三

愛情重在純眞——這就是爲什麼年輕的人最適宜戀愛的原因。

二二四

戀人之間，最重要的品質是和諧而不是平等。
（夫妻之間也是如此。）

二二五

愛一個人是你不說的時候也跟說時一樣眞實。

二二六

愛一個人是不計自己的痛苦，只望他幸福。

二二七

愛一個人是不只可以共患難，更加可以共安樂。

二二八

愛一個人是努力使他不對你失望。
（也努力幫助他，不令人對他失望。）

二二九

愛一個人是不求他承擔你的痛苦，但願他分享你的快樂。

二三〇

愛一個人是當你對他感到失望，依然心懷寄意，沈默無語。

二三一

愛一個人是永遠不在別人之前譴責他。

二三二

愛一個人是深恐傷了他的心。

二三三

愛一個人是不敢問他與別人過得是否幸福。

二三四

愛情在不斷的創造中再生，在停止追求裡死亡。

二三五

眞正的愛情含有一份敬意與尊重。

二三六

令人充滿欲望的情，不是眞情。
令人撩起迷亂無奈的愛，不是眞正的愛。

二三七

一個平常的人，在戀愛中變成了詩人。

二三八

一個平凡的人，由於一份純眞的愛心，而成爲

真心的
愛情會有一份
敬意與
尊重。

聖者。

二三九

令人變成詩人的情，是眞情。
令人成爲聖者的愛，是眞正的愛。

二四〇

有時沒有愛心，也可以有戀情。
有時只有愛心，但卻沒有戀情。

二四一

愛心永遠令人崇高，戀情有時令人沈落。

二四二

戀情常有痛苦，愛心卻只有快樂。

二四三

愛的快樂是生命的快樂。
愛的痛苦是生命的痛苦。

二四四

人間的情有時含著痛苦和遺憾。
天上的愛卻完全只有愉悅和圓滿。

二四五

眞正的愛屬於天上的情。

二四六

沒有性靈，也就沒有愛。

二四七

情像一片聚散不定的色彩，意是它確切的形象與內容。

（情在意的規範之下，顯現出它的意義與價值。）

二四八

情會迷，意會亂。那時我們需要一個純潔的心靈主宰。

二四九

我們看不見愛，只能靜靜地感受它。

（許多重要的人生事物全都如此。）

二五〇

在時空之流裡，愛像是一朵有開有謝的花；

可是在理念深處，它是永恆絕美的價值。

二五一

愛不是一種公認的要索，愛是一種自願的犧牲。

二五二

不要因爲對一個人失望，就對人性失望。不要在一次愛情裡受傷，就貶低了愛的純潔和高尚。

二五三

只有先肯定自己，先建立自己，我們才有能力去愛，也才有資格被愛。

二五四

一個人在愛情的痛苦之中，不要忘記原諒別人，同情別人；並且努力爲愛情和人性，保留一份優美的原樣。

（在這世界上，有些人背負著人類的十字架，另外有些人卻沾盡了自己同類的光。）

二五五

常人在至眞的愛心中，顯現出超凡脫俗的神性。

二五六

愛是人性通往神性的橋，情爲人生鋪上一條通往愛的路。

二五七

理性不知怎樣解決的，愛心之中早已隱藏著答案。

二五八

知識可加闡釋，愛心沒有證明。

二五九

語言道不盡愛的意義，愛心之中卻自有它的言語。

二六〇

春天來了，古枝長出了新芽，那是辛苦等待一個寒冬的報償。

（我們多少人卻寄望著不勞而獲的報酬。）

二六一

三月過了，杜鵑樹又默默地等待第二個春天。人可沒有這麼幸運，還有再來的青春。

語言道不盡
愛的
意義，
愛心之中——却自有它的
言語。

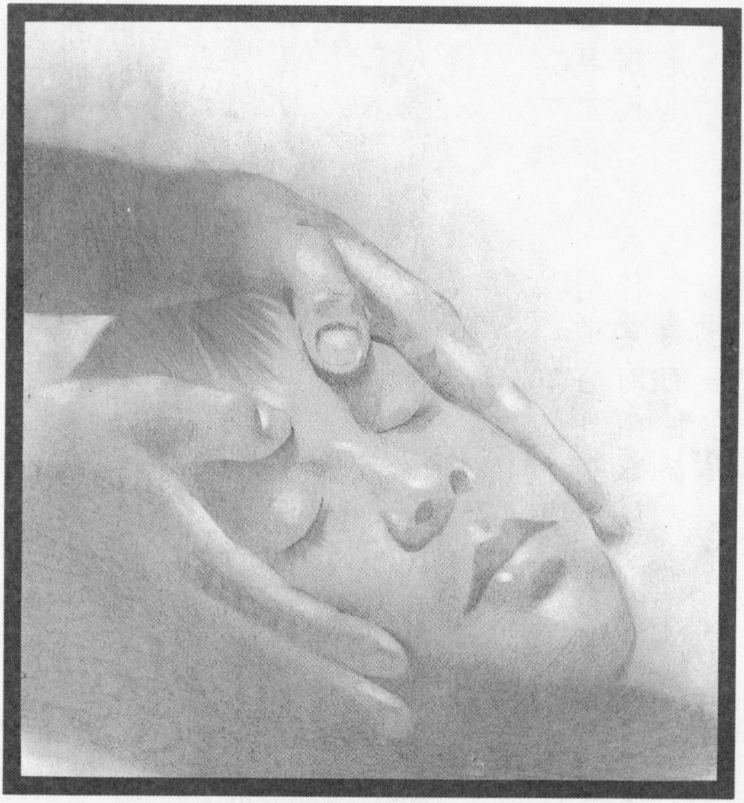

二六二

清晨的朝霞爲早起的人展露光彩。午夜的星光卻爲疲倦的人影無聲嘆息。

二六三

看到花開花落，遠比看到人笑人哭，更加肯切、更加眞實。

二六四

有些人寧可和花草做友伴，有些人獨願與貓狗論交情。

二六五

從書桌上抬頭，迴顧窗外樹林，瞥見一隻小鳥踏著細枝，走入枝葉的幽深處。啊，我差點忘了那兒還有一個優美的世界。

二六六

八月，鳳凰木那細碎的葉，隨風飄滿小徑，掩蓋了低矮的灌木的綠。火傘仍然高張，它已早知秋天遙遠的信息。

二六七

落葉的枝椏像是對著灰寒的上天憤怒抗議的衆手，也像是朝向遙遠的春光默默乞求的信號。它們不明白爲什麼軟體的爬藤，反而能夠依附在自己那拒絕低頭的身上，四季長生。

二六八

星空的幽深在於任你凝視多久，也猜不透它的祕密。

海洋的偉大在於即使你聲嘶力竭，也蓋不住它的浪濤沈響。

二六九
愛凝視星空的人，喜歡沈思。愛眺望海洋的人，傾向憂鬱。

二七〇
有時我們不禁讚嘆人類的奇妙和偉大。可是，有時我們或許也不禁暗自懷疑：如果地球上沒有人類，是否更加美麗和純潔？

二七一
我們常常自命智慧，但是大自然卻往往給予我們最動人和最明確的生命啓示。

二七二

人類短暫的記憶和膚淺的歷史感，需要大自然那戲劇性的喚醒和啓示。

二七三

我們接受其他人做爲同類，似乎是習以爲常的事；爲什麼將大自然其他的事物也等量齊觀，卻好似需要特別的理由根據呢？（人是一種自高自傲的動物，或是一種心胸狹窄的品種？）

二七四

巍峨的山峯無言地聳立著，任憑風吹雨打。偉大的人默默地走在人生的道路上，不管聽到的是讚美或是讒言。

二七五

徜徉在大自然的懷抱裡，我們會不禁長嘆：如果這小小的地球已經這麼美妙，整個的宇宙該是多麼神奇。我們爲什麼要不斷製造人間的醜惡，而不努力去發揚生命的光輝？

二七六

人可以不斷往高空遠眺追求，也可以不停向地面注視鑽營。一個人往高處仰望，他的心胸自然開闊，境界自然高超，目標也自然變得更加明確。（相反地，如果一個人只知往低處作想，那麼他的心境將愈來愈狹窄，見地愈來愈閉塞——一味只知在眼前的小事小利上動心費神。）

二七七

總是低頭注視，我們只看到爬蟲的影子。只有抬頭仰望，我們才發見飛鷹的踪跡。

二七八

生命要往那崇高的地方看，才能區別眞實與表象。否則只剩下一天天可有可無、可增可減的生活內容而已。

二七九

早起的人聽到大地第一聲鳥語，早起的人看到西山上最後一瞥落月，早起的人呼吸到清晨尚未揚塵的空氣。（這一切，對那晚起的人來說，都好似沒有存在。）

二八〇

一個人由於沒有經驗，閱歷不深，因此無法肯定某些事物的存在；這是無可厚非的事。

可是，如果只因爲自己缺乏經驗，閱歷淺薄，就因而否定那些事物的存在，這就失之武斷。

最要不得的是，人類自己設規立律，事先排除那些事物存在的可能性。

（對於愛的經驗、道德經驗、宗教經驗等等，全都如此。）

二八一

信男信女們那一根根燒點不盡的香，可能只是迷信；但也可能是一襲襲不斷遞傳下去的希望和信心。

二八二

過分沈溺於神祕的事物，令人變得迷信。

絕對自絕於神祕的世界，使人成了淺薄無知。

二八三

我們不能沒有信仰，只是以新的信仰代替舊的信仰。

（我們不能離開形上學，只是以新起的形上學取代原有的形上學。）

二八四

當我們標示一種價值而加以尊重，甚至敬畏的時候，我們不是盲從迷信。

我們表現了自尊和自愛。

二八五

我們不敢瀆犯神靈，不是因爲怕受懲罰。我們不願違背良心，因爲我們不願自輕自蔑，自貶自瀆。

二八六

人可以充當自己的上帝，但卻無法裝扮爲眞理的主宰。

（這不是人類的悲劇，而是人性的希望。）

二八七

眞理是當你追求它，信仰它，它成全了你。可是等你要強佔它，據有它，你毀滅了它。

（愛情也是如此。）

二八八

眞理之前沒有強人。

（也沒有強者與弱者之分。）

二八九

人可以統御萬物，但卻無法強佔眞理。

二九〇

法律可能給人誤用，眞理無法被人強奪。

（眞情亦復如此。）

二九一

不向任何人屈服的超人，也要在眞理之前低頭。

二九二

一個領袖常常是個孤單的人，有時甚至是個寂寞的人。

（他是遙遙走在衆人之前的人。）

二九三

讓人愛戴的領袖是個成功的領袖，教人畏懼的領袖是個失敗的領袖。

二九四

一個成功的領袖是人類理想的化身，一個失敗的領袖是建制權柄的代表。

二九五

一個正直的人不可能沒有敵人，要緊的是我們應該與善良爲友，與邪惡爲敵。

二九六

想討好所有人的人，終久會沒有一個眞正的朋友。

二九七

偉大的人榮耀了神性的光輝，邪惡的人助長了魔鬼的力量。

二九八

除了活在一個共通的物理世界而外，我們每一個人都擁有一個自己的精神世界。

二九九

我們的物理世界大同小異，可是大家的精神世界之間，卻有天淵之別。

三〇〇

一個偉人的去世，帶走了整個豐富優美的精神

想討好所有人的人，終究會沒有一個真正的朋友。

世界。

（他的知識世界、情感世界和性靈世界。）

三〇一

人類的辛苦不只爲了改造這個物理世界，更重要的理應是爲了建造一個個優美崇高的精神世界。

三〇二

如果不是爲了建造更優美崇高的精神世界，物理世界的改造有什麼意義與價值？

三〇三

物理世界的苦痛，在精神世界中昇華。物理世界的快感，也需要在精神世界中，加以認定和評鑑。

三〇四

我們通過物理世界的橋，走向精神世界的路。

（音樂如此，文學如此，情的體驗又何嘗不是如此。）

三〇五

相知的人欣賞彼此的精神世界。

相愛的人擁有共同的精神世界。

三〇六

並非會牽手就算有了愛，並非會擁抱就算有了愛，並非會親吻就算有了愛，並非會男女就算有了愛。

（愛是精神世界裡的事物。）

三〇七

戀情往往在男女之事中墮落。
男女之事有時卻在愛情之中昇華。

三〇八

公雞和母雞之間的事，不能算是愛；
因爲牠們之間，沒有精神世界可以令其昇華。
(母雞與小雞之間的事，也是如此。)

三〇九

男女之間的事，不應只淪爲公雞與母雞之間的事。
(父母與子女之間的事，也不應只淪爲大雞與小雞之間的事。)

三一〇

通常是這樣的：輕易垂手可得的，皆不是什麼高貴的價值。隨意而人人可見的，也不是什麼深刻的眞理。

三一一

我們已經不喜歡貴族，可是有些事物的品質是和貴族化無法分開的。

（我們追求平等，但不要流於庸俗。）

三一二

眞理和女子一樣，令人醉心的是那份高貴的氣質。

三一三

不論原來的出身如何，凡是純潔的女子，全都是貴族。

（眞理也是如此，沒有出身的高下之別。）

三一四

高貴的性靈瞭解高貴的事物。
純淨的心懷感受純淨的情思。

三一五

我們未曾經歷過，並不表示這世上沒有。就是我們無法經歷到的，也不表示它不存在。
（不同的心靈覺知到不同的事物，差異的眼界浮現起差異的意境。）

三一六

現實世界充滿著變化無常，因此有人步入概念世界。
可是概念世界又充滿著論證的循環和無窮的事

理後退。

三一七

並不是有什麼話就說什麼話，他就是個正直的人；更不是因而就是個合情合理的人。那往往表示他是個不負責任的人。（除非他是個剛剛學話的嬰兒。）

三一八

每一個成熟的人，都要分擔一份社會教育的責任。

三一九

人心就是有所不忍之心。因此有所欲，有所不欲；有所爲，有所不爲。

三二〇

眞正的快樂是與人同樂。
至高的快樂是給人快樂。

三二一

建立在別人的痛苦之上的，固然不是眞正的快樂。
必須犧牲別人的快樂才能獲取的，也不是至高的快樂。
（破壞的快感不是快樂，毀滅的快感不是快樂；爭奪取勝的快感，依然不是眞正的快樂。）

三二二

只有心靈上的快樂，是不會帶給他人痛苦的快樂。
只有心靈上的快樂，是不犧牲他人快樂的快

樂。

只有心靈上的快樂，是眞正而又至高的快樂。

三二三

悲觀不是消極。

悲觀的人對世界常常懷著一份熱情與關心。

三二四

無心的人不會悲觀。

無情的人不會悲觀。

三二五

人生的外表看似一層歡笑的顏色，我們必須加以細心品嘗，深入體驗，才發現生命裡那悲愴的本質。

三二六

感官看到生命表面的歡樂。
心靈洞悉生命底處的愴涼。

三二七

看到生命深處的悲愴本質的人，發憤起來才產生悲壯的力量。

三二八

我們已經活過成千上萬的日子，可是有哪一天我們發揮過生命的豐采，顯露出人性的光輝？

三二九

人生最珍貴的是一份令人落淚的感動。

三三〇

最後即使一切化歸烏有，可是認眞活過跟沒有認眞活過，總是截然兩樣。

三三一

懂得生命價值的人，才知道犧牲的意義。

一味苟且偷生的人，不知道人生的價值。

三三二

一個人的精神沒有衰老，他就沒有衰老。

一個人的性靈優美，他的生命就優美。

一個人的心地善良，他就是個善良的人。

三三三

我們固然不需歌頌死亡，但也不要隨便咀咒它。

三三四

如果我們全不會死，人生是否一定比較圓滿？倘若這個世界沒有死亡，難道它就一定是個比較完美的世界？

三三五

有些人的逝世令我們傷心悲嘆，另外有些人的死亡使人類深深地鬆了一口氣。

三三六

如果這個世界沒有死亡，不知還有多少人依舊在承受虐待，接受欺凌，忍受蹂躪。

三三七

死亡爲殘酷的罪惡定下了一個最後的極限。

三三八

人類無法完成的休止，自然提供了一個簡單的了結。

三三九

死因生而來，沒有生也就無所謂死。

三四〇

我們雖然沒有權力選擇怎麼生，但讓我們爭取權力決定要怎麼死。（能選擇怎麼死，才能選擇怎麼活。）

三四一

我們沒有自覺地生，但卻可以要求有自覺的活和有自覺的死。

三四二

短暫的生命也許更令人珍惜愛護；長生不老可能反而使人懶散無聊。

三四三

死亡並不可怕，可怕的是那份懼怕死亡的心情。

三四四

當人生幸福時，死亡是一種破滅；當人生痛苦時，死亡是一種超脱。只有對那無關痛癢的生命，生與死的分界顯得無甚意義。

三四五

有些人的死亡只是軀體的敗壞，另外有些人的去世卻是一個個世界的毀滅——一個個精神世界的消失。

三四六

一個偉大的生命之去世，不只是形體的消失，更可悲嘆的是他的知識、經驗，特別是愛心的頓逝。

三四七

死亡有時是嚴肅生命的荒謬結局，有時卻是對生命的荒謬之嚴肅答覆。

三四八

不必活得長久，只要活得精彩。
不必活得長久，只要活得優美。
不必活得長久，只要活得有意義。

三四九

愛心令人活得優美。
燃燒自己令人活得精彩。
奉獻自己令人活得有意義。

三五〇

自覺到自己是女性，可能令你走起路來顯得不自然。
懷疑自己受欺受搾，容易令你怨天尤人。

三五一

自覺帶給人類目的和意義的省覺，可是它也常常是我們懊惱傷感的因由。

三五二

孤獨帶來沈思，苦難令人深刻。

三五三

一幅照相可以是藝術，可以不是——就看那攝影的人，捕捉到什麼。

一句話可以傳眞理，可以無意義——那要看說話的人所含有的心意。

（藝術在人類的造境之內，眞理存在我們的心中。）

三五四

有些衣裳用來蔽體，有些衣裳用來修飾，有些衣裳用來僞裝，有些衣裳用來暴露，有些衣裳用來引誘……。

穿著什麼樣的衣，代表是什麼樣的人。

三五五

穿著樸素的人，給人一種實在的感覺，他的衣裳似乎與他融合爲一。
我們不必進一步去猜測他的內容。

三五六

穿著華麗的人，令人起疑。令人想起裹在華麗的外衣之內的，到底是一個什麼樣的個體。

三五七

穿著奇異的人，令人覺得他的生命沒有別的，就是那一件外衣。

三五八

穿著怪誕的人，爲我們提供人生荒謬的實例。

三五九

雨是乾旱的大地渴望已久的愛情。

（乾旱的大地是一顆苦苦等待的心。）

三六〇

久旱之後的雨是起死回生的訊號，是發芽成長的信息。

三六一

在喧囂的城市裡，雨點淋濕了人們的衣裳。

可是在沈靜的原野上，雨聲喚醒了我們的靈魂。

三六二

絲絲的細雨是情人的迷夢。

驟驟的暴雨是英雄的豪情。

久旱之後的
雨是起死
回生的訊號，是
發芽成長的
信息。

三六三

沒有獨自在雨中靜靜走過的人，不懂得人生。

三六四

大地的雨是生命中的淚。

三六五

滿天的雨，爲大地洗出一片清新的顏色。
盈眶的淚水，爲生命淘鍊出更加純淨的靈魂。

三六六

無端的淚，像是幾點挑動塵埃的雨，只在光亮的花葉上，留下一層淺淺的污跡。

三六七

在夏日的驟雨之中，才顯現滿山遍野那蒼翠濃黛而驕傲的綠。

三六八

雨後的大地，像是一片淚水洗過的純淨心靈，
幽美的景象一幅一幅地浮現出來。

三六九

雨後的煙靄襯托層次分明的山影。
洗淨塵埃的心湖交映出純濁鮮明的感情分際。

三七〇

春日的細雨帶來人們的愁悵，勾引宇宙的遐思。
初夏的驟雨洗淨自然的塵污，交還大地的色彩。
（初夏的雨洗過，山也明媚了，樹也青綠了，

連在地上的爬蟲都變得一身乾淨起來。)而那暮夏的急雨,驅散了大地的沈悶,喚醒心靈的清新。

三七一

並非全都是雨,因此沒有分別:春天的雨,夏日的雨,深秋的雨,嚴冬的雨。也並不是全都冠上愛之名,天下的情就可以等量齊觀,變成無分高下。

三七二

月兒是初夜的笑臉,星星才是子夜的靈魂。笑語是生命的色彩,淚水才是靈魂的聲音。

三七三

生命的深處涵藏著悲愴與淒苦,這份情懷需要音樂令其淨化，令其昇華。

三七四

高超的音樂引人神往，直通空靈的境界。平凡但卻優美的樂音，惹起一片空虛與愁悵。而那粗俗的雜音啊，平添塵世的苦惱，撩起人寰裡的七情六慾。

三七五

雄偉的交響樂是洶湧澎湃的浪，把人從頭淹沒，完全吞噬——任憑你歡呼或哀叫。但是那悠揚頓挫的鋼琴之音，卻一字一句從內心響起——只有在絕對的寧靜裡，我們才領略到它的優美和意義。

三七六

有一種情懷不能用樂器來表達。唯有在那撩人的歌聲中，受著振盪，得到共鳴。

（我們畢竟是生長在泥土上的生靈。）

三七七

神奇絕美的歌聲發自靈魂，而非出於口喉。因此它顫盪性靈，而不只是震動耳膜而已。

三七八

欣賞是種表現。它是一種潛在的創作。

（我們不只用耳朵聽音樂，音樂從我們內心深處響起。）

三七九

重要的不是耳朵聽到的音樂，要緊的是內心響起的聲音。

三八〇

當我們聆聽著刻骨銘心的音樂時，我們不只是迷醉在聲浪的節奏裡。我們同時也將靈魂供托出來，交付琢磨，接受衝激，聽由烤煉。

三八一

音浪是有形的媒介，寂靜才涵藏著眞正的樂音。

三八二

當我們在寂靜裡，閉起眼睛，從心靈深處那抵擋不住，壓抑不了，不斷湧起的，才是最眞實的音符。

三八三

我們不是用音樂來麻醉自己。
我們在樂音裡得到永生。

三八四

只要內心裡有音樂，不怕生命裡沒有歌聲。

三八五

傾聽那悠揚的琴音，我們不禁發問：人為什麼要走上使用語言表達情意的路？
人生原不可言詮，絕妙之處沒有言語。
一切只能領會，只可欣賞，只須沈默感受——不待宣言。

三八六

寂靜才是眞正的聲音，歡笑只是表象。

琴音是沈靜的音符，它是無話的語言。

三八七

豈只此時無聲勝有聲。
應是此時無聲最有聲。

三八八

連憤怒都譜在美妙的旋律與樂音裡，你說人間還有比他們更高貴的人？

三八九

有時我們的心情多沈重——連鋼琴那美妙的音符都拖帶不動我們的情思。

三九〇

人類織造小小的籠，關住活潑的小鳥。

我們設計大一點的牢，讓自己活在其中。

三九一

在我們的生活之中，要當心啊——最有效率的時刻，也許就是最沒有人性的時刻。

三九二

當人與岩石沙粒相比的時候，我們只要說人是有生命的。當人與野獸家禽相較之際，我們就得說人是理性的動物。可是當文明人和野蠻人相比，有心的人和無情的人相較之下，我們就不能不提出人的愛心和價值理想了。

三九三

凡人與超人的區別何在？
凡人困居地面，超人飛翔天上。

三九四

當我們講人性時，我們必須講究人的特性，而不只是談論人的一切本性。人的特性在於人的理想性——那是一種道德性，一種靈性。

三九五

一個人的遭遇來自一己的運氣。
可是一個人的命運卻與人生的必然不可分離。

三九六

每一幕個人的悲劇都是人類的悲劇。
因爲在生命的本質上，我們都是彼此關聯的。

（只是有時我們不在同一個因果連鎖線上而已。）

三九七

個人的社會成就往往出於偶然。可是人生的悲劇卻常常來自命定。

三九八

每一個人生都是個編織美夢和修補美夢的過程。有些人幸運地活在自己的美夢中，有些人爲了維護自己的夢，奮鬥到筋疲力盡。

三九九

每個人的生命都是自己成全的——自己追求理想，並且努力使自己活在理想之中。

有知有識和有情有意的人，進一步開創了人類共同的理想，描繪出高超脫俗的人性來。

四〇〇

抖掉了世俗表面的塵灰之後，一個人的生命經歷反映著人類歷史的希望、困境與命運。

四〇一

誰把握了人性的弱點，誰就能夠在歷史的潮流裡，撥弄光影，製造現象。

這是歷史的小聰明。

（我們需要哲學的智慧，不只是歷史的聰明而已。）

四〇二

歷史的小聰明就是表面上做得漂漂亮亮的本

領。

四〇三

我們充滿著個人的自大，時代的狂妄和當前的無謂。只有依賴哲學的智慧和歷史的機警，才能令我們認清自己的面目，看透時代的意義，撥開當前的迷霧。（正像個人的許多言行全屬白費一樣，我們這時代的許多喧鬧，也無法在歷史的見證下，遺留一點可貴的痕跡。）

四〇四

事物的原理不斷在重現，歷史的規律不停地在呈顯。可是由於我們的短視與無知，總覺得自己的經驗是嶄新的經驗，自己的見地是了不起的見地。

四〇五

人類的歷史可以寫成萬卷書，也可以縮成一句話。

（然而，我們的心願與成就，夠不夠化成人類生命史篇上的一個小標點？）

四〇六

歷史有時流於空洞和蒼白，那時更需要自己的生命充滿著願望與熱情。

四〇七

身體的傷殘是表面的傷殘。

心靈的傷殘才是眞正的傷殘。

四〇八

多少人表面傷殘，心靈卻完美高尚。多少人表面健全，心靈卻殘敗不堪。（我們容易發現身體的不全，不易覺察心靈的殘缺。）

四〇九

老邁是慢慢燃盡枯乾的柴火，而沒有注入新的生命油膏。

四一〇

看淡一切是老邁的象徵。

四一一

老邁是我們對這世上的一切，再也不生好奇。

四一二

歷史有什麼用處，除非我們能從它那兒得到活生生的教訓？

（人類需要眞實的事例來幫助他的想像，也需要它來打破幻想和迷信。）

四一三

歷史的意義在於它不只指出了人類的可能性。它活生生地表現了人生的眞實性。

（並非凡是可能的，一定實現過或將會實現；可是凡是實現過的，一定是可能的。）

四一四

絕頂聰明的人，不需讀歷史。極端愚蠢的人，讀也沒有用處。

其他的人，需要藉著讀史來增進見識，延長經驗，思想問題，培育情操和砥礪志氣。

四一五

歷史不是一面明鏡。
它是一記嚴厲的教訓。

四一六

歷史不是人類的繪像。
它是一番苦口婆心的話語。

四一七

歷史是一段段寶貴的經驗：有時是甜美的，有時是辛苦的，有時甚至是慘痛的——然而它們全都是親切的。

四一八

所有的歷史經驗全都是親切的，因爲在人性上，所有的人全都一氣相承，血脈相通。因此，歷史的回憶經常是感人的，動情的，甚至是驚心動魄的。

四一九

歷史的寶貴在於它不是想像出來的。它不是我們主觀的「創作」成果。它是人類生命的展現——個體的生命和集體的生命的親切展現。

四二〇

歷史不是文學創作，它也不是藝術創作。它不應任人加以修飾和刪改。

四二一

（歷史不是一面明鏡。）

它太崎嶇複雜，並不是凡人站在它面前，都可以照出一個清晰明確的影像。

四二二

歷史的意義在於教訓我們體認自己的渺小，不狂妄自大。

可是它也啓示我們香火交傳的重要，不妄自菲薄。

四二三

歷史教導我們在現實和理想之間，做出一個美好的平衡。

這是眞正的歷史的聰明。

四二四

一顆細小的沙粒，並沒有標定它是沙漠的一部分，或是海灘的一部分。

一個沒有歷史感的人，像是一顆散落的細沙，一個斷裂無根的孤零個體。

四二五

時間本身並不涵藏著智慧。

但是人類在歲月裡的經營、奮鬥和掙扎，卻爲我們標示了一種價值和理想。

四二六

生命的火把不只代代相傳，交手接替；它的火光引起我們心心相照，對眼交輝。

（我們的生命，有多少是別人的？別人的生命，有多少是我們的？）

四二七

個人的努力維護了人性，人性在眾多個人的努力之中閃動流傳。

四二八

我們像在黑暗的歷史海洋裡，指出遙遠閃亮的星光。

可是我們自己也要接著發亮，讓後來的人也有一點點遠處的光芒。

四二九

人活在理想裡，人活在溫情中。

人生──追求愛和講究價值原則。

四三〇

（每一刻瞬息的眞實都是永恆的。）

是不是是永恆的只有那一刻刻瞬息的眞實？

（每一刻瞬息的真實
都是永恆的。）
是　不是
是
永恆的
只有那
一刻刻　瞬息的
真實　？

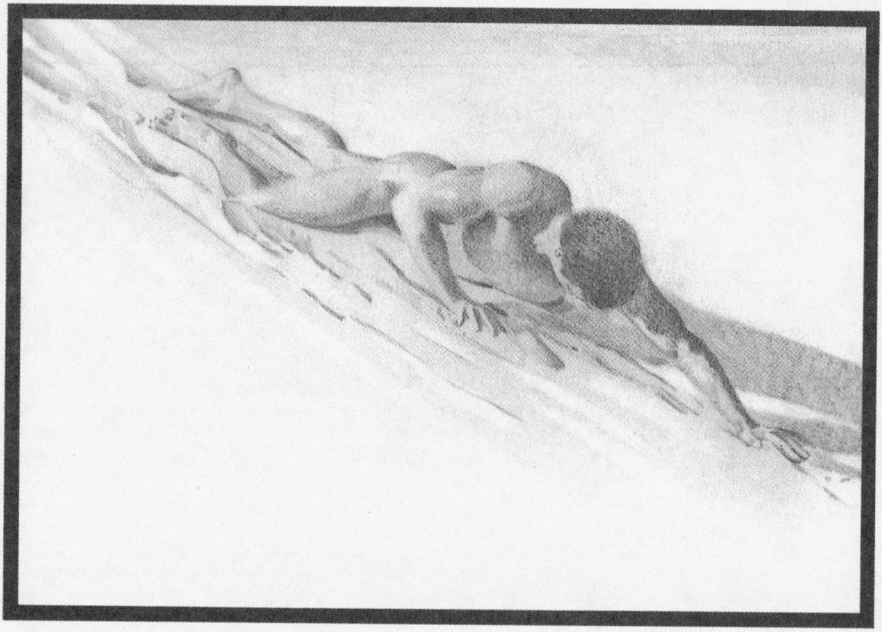

國立中央圖書館出版品預行編目資料

人生小語．一，瞬息與永恆／何秀煌著．
--初版．--臺北市：東大發行：三
民總經銷，民84
面；　公分．--（滄海叢刊）
ISBN 957-19-1867-9（精裝）
ISBN 957-19-1868-7（平裝）

1.格言　2.修身

192.8

—瞬息與永恆

著作人　何秀煌
發行人　劉仲文
著作財產權人　東大圖書股份有限公司
臺北市復興北路三八六號
發行所　東大圖書股份有限公司
地　址／臺北市復興北路三八六號
郵　撥／〇一〇七一七五——〇號
印刷所　東大圖書股份有限公司
總經銷　三民書局股份有限公司
門市部　東大圖書股份有限公司
復北店／臺北市復興北路三八六號
重南店／臺北市重慶南路一段六十一號
修訂初版　中華民國八十四年八月
編　號　E 85322
基本定價　叁元貳角
行政院新聞局登記證局版臺業字第〇一九七號

ISBN 957-19-1868-7（平裝）